CATALOGUE

DES

MANUSCRITS AMÉRICAINS

DE LA

BIBLIOTHÈQUE NATIONALE

(Extrait de la *Revue des Bibliothèques*, n° 1-6, 1925)

PARIS,

LIBRAIRIE ANCIENNE HONORÉ CHAMPION,

ÉDOUARD CHAMPION

LIBRAIRE DE LA SOCIÉTÉ DE L'HISTOIRE DE FRANCE
ET DE LA SOCIÉTÉ DES ANCIENS TEXTES FRANÇAIS

5-7, QUAI MALAQUAIS, 5-7

1925

BEAULIEUX (Ch.). **Catalogue de la Réserve XVIᵉ siècle (1501-1548) de la Bibliothèque de l'Université de Paris.** In-8, 19 reproductions de marques typographiques. . . . . **25 fr.**

Catalogue général des livres imprimés de la Bibliothèque nationale. Reproduction en fac-similé exécutée dans l'ordre des volumes épuisés. Chaque volume in-8. . . . . **50 fr.**
  6 volumes parus. Nous fournissons les suites.

DELISLE (Léopold). **Instructions élémentaires et techniques pour la mise et le maintien en ordre des livres d'une bibliothèque.** Nouvelle édition revue. In-8 de 82 pages. . . . . **4 fr.**

— **Instructions pour la rédaction d'un catalogue de manuscrits et pour la rédaction d'un inventaire des incunables.** In-8, 100 pages. . . **4 fr.**
  Vade-mecum du Bibliothécaire. *H. Omont*, de l'Institut. Bibliothèque de l'École des Chartes, 1910.

— **Recherches sur la librairie de Charles V,** suivies de l'inventaire des livres ayant appartenu aux rois Charles V et Charles VI et à Jean, duc de Berry. 2 volumes in-8 et album in-folio de planches . . . . . **60 fr.**

— **Inventaire général et méthodique des manuscrits français de la Bibliothèque nationale.** 2 volumes in-8 . . . . **30 fr.**
  T. I. Géologie. — T. II. Jurisprudence.

DORÉ (Robert). **Bibliographie des livres jaunes à la date du 1ᵉʳ janvier 1922.** In-8 . . . . **3 fr.**

— **Essai de bibliographie des Congrès internationaux.** In-8 . . . . . **5 fr.**

Bᵛ S. EUSTRATIADES. **Catalogue of the Greek Manuscripts in the Library of the Monastery of Vatopedi on Mont-Athos.** (Harvard Theologial Studies XI.). 1924. In-4 carré, 276 pages sur deux colonnes (en grec). Prix. . . . . **200 fr.**

FOURNIER (P.-I.). **Conseils pratiques pour le classement et l'inventaire des archives et l'édition des documents écrits.** In-8 raisin, 85 pages. **6 fr.**

LEDOS (E.-G.). **Usages suivis dans la rédaction du Catalogue général des livres imprimés de la Bibliothèque nationale.** In-8 raisin, 70 p. **5 fr.**

MORTET (Ch.). **Le Format des livres.** Notions pratiques suivies de recherches historiques. 1925. In-8, 60 pages avec 4 planches hors texte. . . . **6 fr.**

Répertoire d'art et d'archéologie. Dépouillement des périodiques et des catalogues de ventes. Bibliographie des ouvrages d'art et d'archéologie. Directeur : Marcel AUBERT. Avec nombreux collaborateurs français et étrangers. 1922. Fascicule 26. In-4, 200 pages sur deux colonnes. **30 fr.**

  Le fascicule 27 (1923) est sous presse. Les fascicules précédents, sous réserve d'épuisés, sont en vente au prix de . . . . **60 fr.**
  Publication de la Bibliothèque d'Art et d'Archéologie de l'Université de Paris.

TOURNEUX (M.). **Bibliographie de l'Histoire de Paris pendant la Révolution française.** 5 volumes grand in-8. Chaque. . . . . **100 fr.**

CATALOGUE

DES

MANUSCRITS AMÉRICAINS

Extrait de la *Revue des Bibliothèques*
1923

CATALOGUE

DES

MANUSCRITS AMÉRICAINS

DE LA

BIBLIOTHÈQUE NATIONALE

PARIS,

LIBRAIRIE ANCIENNE HONORÉ CHAMPION,

ÉDOUARD CHAMPION
LIBRAIRE DE LA SOCIÉTÉ DE L'HISTOIRE DE FRANCE
ET DE LA SOCIÉTÉ DES ANCIENS TEXTES FRANÇAIS
5-7, QUAI MALAQUAIS, 5-7
—
1925

CATALOGUE DES MANUSCRITS AMÉRICAINS
DE LA BIBLIOTHÈQUE NATIONALE

Le fonds des manuscrits américains, qui compte présentement 77 numéros, comprend l'ensemble des volumes en différentes langues et dialectes de l'Amérique, ou relatifs à ces langues, conservés à la Bibliothèque nationale. Il faut en excepter cependant les manuscrits mexicains anciens de la collection Aubin-Goupil et autres, la plupart sur papier d'agave, qui forment un fonds spécial, comprenant 401 numéros, et dont le catalogue a été publié, avec pagination spéciale, dans la *Revue des Bibliothèques* en 1898-1899[1].

La constitution du fonds américain, comme celle des autres fonds de manuscrits en différentes langues modernes, remonte à l'année 1860. Jusque-là ces volumes, au nombre d'une vingtaine, avaient été inscrits indistinctement parmi les manuscrits du Supplément français. La meilleure partie provenait d'une acquisition, faite en juillet 1837, d'une dizaine de volumes en différents dialectes de l'Amérique centrale (n⁰ˢ 2 et 7-15), recueillis par M. de Clérambault, auxquels étaient venus se joindre quatre manuscrits retrouvés dans les collections du département des Imprimés (n⁰ˢ 1, 16, 18 et 23) et trois volumes acquis en 1862 du libraire Tross (n⁰ˢ 19-21). Après la mort d'Alcide Dessalines d'Orbigny (1802-1857), une dizaine de manuscrits en différents dialectes de l'Amérique du Sud (n⁰ˢ 24-33) ont pris place dans le fonds américain. Mais l'accroissement le plus considérable que ce fonds devait recevoir date de l'entrée, en 1883, de trente-sept manuscrits en différents dialectes américains, ou relatifs à ces dialectes, provenant pour la plupart de la collection recueillie par l'abbé Brasseur de Bourbourg (1814-1874), et acquis pour la Bibliothèque nationale à la vente de la bibliothèque d'Alphonse

____

1. Tirage à part, 1899, in-8° 55 pages.

Pinart[1] (n°ˢ 38-71 et 73)[2], auxquels sont venus s'ajouter trois manuscrits en dialectes de l'Amérique centrale (n°ˢ 75-77)[3], donnés en 1898 par M. le comte H. de Charencey.

H. O.

1

« Grammaire algonquine, ou des sauvages de l'Amérique septentrionnale, avec la description du pays, journaux de voyages, mémoires, remarques sur l'histoire naturelle, etc., etc.—Composé, à ce qu'il parait, en 1672, 1673, 1674, par Louis Nicolas, prêtre missionnaire, natif de la ville d'Aubenas, en Languedoc. »

Ms. original.

XVII° siècle. Papier. 134 pages. 280 sur 195 mm. Demi-rel. toile. (Supplément français 5116 ; anc. Impr., X + 1613 c.)

2

« Catecismo de la Doctrina christiana, en idioma kiche y castellano ; se divide en tres partes, con el fin de que cada parte se alterne los domingos y dias festivos de todo el año. »

Page 75. « Agradecimiento de la santa Passion de nuestro grande señor Jesu Christo, para resarlo cada viernes. »

Texte à 2 col., kiché en noir et espagnol en rouge. — A la fin du catéchisme, les initiales : « O.S.C.S.ME.C.AR. »

XVIII° siècle. Papier. 73 feuillets, à 2 col. 210 sur 150 mm. Cartonné. (Provient de Clérambault. — Supplément français 3111.)

3-5

« Theologia Indorum. Yndustriacion de los Yndios en la fe, en laqual

1. *Catalogue des livres rares et précieux, manuscrits et imprimés, principalement sur l'Amérique et sur les langues du monde entier*, composant la bibliothèque de M. Alph.-L. Pinart et comprenant en totalité la bibliothèque mexico-guatémalienne de l'abbé Brasseur de Bourbourg (Paris, 1883, in-8°, VIII et 248 pages ; 1440 n°ˢ).

2. Deux autres manuscrits provenant de la même vente (n° 613 du catalogue) ont été inscrits sous les n°ˢ 397 et 398 du fonds mexicain :

397. « Compendio de la lengua mexicana, y letras especiales et idioma. » — XVIII° siècle. Papier. 1 feuillet et 47 pages, in-4°. Rel. parchemin.

398. « Fuente de los verbos mexicanos. » — XVIII° siècle. Papier. 29 feuillets, in-4°. Demi reliure.

3. On peut rattacher encore au fonds américain trois autres manuscrits (Mss. Angrand, n°ˢ 8, 9 et 10), dont on trouvera les notices à la suite du présent catalogue ; ils font partie de la collection Angrand, léguée à la Bibliothèque nationale en 1886, conservée tout entière au département des Imprimés et dont un inventaire a été publié en 1887 (in-8°, 75 pages).

se trata vida y milagras, y passion, resurrection y ascension de Christo nostro señor, y todo lo que conviene guardar, y obrar, y creer a todo fiel christiano, ynterpretado en la lengua guatemalteca. »

A la fin du n° 4, on lit la date 1553, et, de même main, une mention du R. P. Domingo de Vigo, de l'Ordre de Saint-Dominique, avec la date du 16 septembre 1605. — Anciennes cotes : « V. 437-439. »

XVII° siècle. Papier. 188, 185 et 275 feuillets. 202 sur 145 mm. Rel. veau brun gaufré, avec les armes de Quiñones de León, ou Velasco de Salazar, sur le premier volume. (Supplément français 3128.)

6

« Sancturale hiemale. » Recueil de sermons pour les fêtes de différents saints.

Sermons pour les fêtes de saint André, Conception de la sainte Vierge, saints Thomas, Étienne, Jean l'Évangéliste, Purification de la sainte Vierge, saint Mathias, Annonciation de la sainte Vierge, saints Marc, Philippe et Jacques, Invention de la sainte Croix et saint Barnabé. — Copie d'un Sanctoral, partie d'hiver, imprimé (signatures : *San.hie.* A-Kiiij).

Au bas du titre : « Del uso de Fray P° Orroz. » — Ancienne cote : « V. 440. »

XVII° siècle. Papier. 76 feuillets. 210 sur 155 mm. Même reliure que celle des deux précédents volumes.

7

« Vocabulario en lengua castellana y guatemalteca, que se llama *Cak thi quel chi.* »

Début : « A para llamar, si es a hombre, *Tace*; si es a muger, *Tece...* » — Fin : « ... Zumbar... »

XVII° siècle. Papier. 251 feuillets. 210 sur 150 mm. Rel. parchemin. (Provient de Clérambault. — Supplément français 3310.)

8

« Arte breve de la lengua otomi, compuesto por el Padre Fray Alonso Urbano, de la Orden de N. P. S. Augustin, de las letras del A, b, c. »

Début de la grammaire : « A esta lengua le faltan 4 letras que son f, l, r, s... »

Début du vocabulaire : « A denotando la persona que padece c. qui ki. vi. A para llamar... » — Au fol. 419ᵛᵒ, la mention : « Acabose este vocabulario a 29 de otubre de 1605. »

XVII° siècle. Papier. XVI et 422 feuillets. 230 sur 168 mm. Rel. parchemin. (Provient de Clérambault. — Supplément français 3312.)

9

« Arte de la lengua qiche, compuesto por N. M. R. P. Fray Bartholome Anleo, religioso Menor de N. S. Padre san Francisco. »

Début : « Orthographia. De la pronunciacion... Antes de entrar en la explicacion... »

A la fin (fol. 65ᵛᵒ-66), on lit : « Este arte de lengua qiche fue compuesto por N. M. R. P. Fr. Bartholome de Anleo, cuyo original tubo N. M. R. P. Fr. Antonio Meliân de Betancur..., y su P. M. R. me lo dono a mi Fr. Antonio Ramirez de Utrilla ; de cuyo original fue traslado este de mi mano, y le acabe en veinte y seis de agosto, en el Pueblo de N. S. P. San Francisco Sanahachel año de 1744. Frater Antonius Ramirez de Utrilla. »

XVIIIᵉ siècle. Papier. 67 feuillets. 205 sur 145 mm. Rel. parchemin. (Provient de Clérambault. — Supplément français 3338.)

10

« Theologia Indorum, » par le P. Domingo de Vigo.
Texte du ms. 4, et à la fin la même date : 1553.
Fol. 103. Fragment de glossaire quiché-espagnol.

XVIIᵉ siècle. Papier. 105 feuillets, à 2 col. 200 sur 148 mm. Couverture en peau noire. (Provient de Clérambault. — Supplément français 3339.)

11

« Marial sacro y Santoral. Sermones en la lengua qijche, escritos por varios autores, principalmente por un Yndio, por lo qual hay mucho que correjir, ô emendar en todos los textos latinos. — Pertenece al uso del P. P. Fr. I. A. Sʳ., hijo de la santa provincia del dulcissimo nombre de I H S de Guatemala, año de 1796. »
Début : « Sermon de N. Sᵗᵃ Natividad. »

XVIIIᵉ siècle. Papier. 160 feuillets. 210 sur 150 mm. Couverture parchemin. (Provient de Clérambault. — Supplément français 3340.)

12

Vocabulaire espagnol-quiché.
Fol. 1. « Nombres de pajaros en lengua qiche. » — Fol. 10. « Comidas y comestibles. » — Fol. 12. « Bevida. » — Fol. 13. « Planetas. » — Fol. 14. « Colores. » — Fol. 15. « Ropa y vestuario. »

XIXᵉ siècle. Papier. 16 feuillets. 210 sur 138 mm. Rel. basane noire, portefeuille. (Provient de Clérambault. — Supplément français 3341.)

13

Pétitions en kakchikel et Sermon en quiché.

Fol. 1. Formules de pétitions et de lettres d'Indiens, avec prières, en kakchikel et espagnol.

F. 17. Sermon, en langue quiché, sur le texte : « Qui amat patrem aut matrem plus quam me non est me dignus... Math., c. 10. » Incomplet de la fin.

XVIIIᵉ siècle. Papier. 19 feuillets. 210 sur 155 mm. Cartonné. (Provient de Clérambault. — Supplément français 3341, 2.)

14

Vocabulaire espagnol-kakchikel.

Copie du ms. 7, incomplète des premiers feuillets : « Alabastro,... Alamano,... Alambre... — ... Zumbar... »

XIXᵉ siècle. Papier. 199 feuillets. 212 sur 155 mm. Rel. basane noire, portefeuille. (Provient de Clérambault. — Supplément français 3343.)

15

« Arte de lengua kakchikel, del usso de Fr. Estevan Torresano, preʳ. Año de 1754. »

Début : « El nombre en esta lengua no tiene declinacion... »

Fol. 117. « Parallelo de las lenguas kiche, cakchiquel y tzutuhil. »

XVIIIᵉ siècle. Papier. 143 feuillets. 148 sur 102 mm. Rel. cuir noir gaufré. (Provient de Clérambault. — Supplément français 5076.)

16

Vocabulaire algonquin-français.

Début : « Aba, retour... » — Finit à la lettre T.

XVIIIᵉ siècle. Papier. 59 feuillets. 200 sur 142 mm. Demi-reliure. (Supplément français 5807 ; anc. Impr. X + 1613 D.)

17

« Petit dictionnaire de la langue des Iroquois de la nation d'Agnié. »

Début : « Aage, ad s[i]gnandam ætatem utuntur verbo guien... »

Au verso du premier feuillet de garde, on lit : « Il est de la main de M. le marquis de La Galissonière, lieutenant général des armées navales, qui a commandé l'armée navale lors du combat contre l'amiral Bingh, en passant M. le maréchal de Richelieu pour la conqueste de Mahon. »

XVIIIᵉ siècle. Papier. 84 feuillets. 165 sur 110 mm. Demi-reliure. (Supplément français 5062.)

18

« Rudiment de la langue mikemak. »

Exposé des cinq conjugaisons des verbes.

XVIIIe siècle. Papier. 11 feuillets. 175 sur 122 mm. Demi-reliure. (Supplément français 5086 ; anc. Impr. X + 1613 A.)

19

« Arte de la lengua chiquita. »
Début : « De la pronunciacion. Tiene esta lengua... »

XVIIIe siècle. Papier. 439 pages. 200 sur 135 mm. Demi-reliure. (Supplément français 5831.)

20

« Bocabulario de la lengua de los Chiquitos. »
Début : « Litera A. Ade el que desea... »

XVIIIe siècle. Papier. 578 feuillets. 202 sur 140 mm. Demi-reliure. (Supplément français 5832.)

21

« Vocabulario de la lengua chiquita, parte 2ª : Chiquito-Español ». — Fol. 449. « Parte 3ª. De las Raizes. »
Débuts du prologue de la 2e partie : « Este es el *Mare magnum...* » et de la 3e partie : « Aunque esta 3ª parte sea tan pequeña... »
Au-dessous du titre, la mention : « Del Pueblo de S. Xavier. »

XVIIIe siècle. Papier. 463 feuillets. 292 sur 200 mm. Demi-reliure. (Supplément français 5833.)

22

« Sermones sobre los Evangelios y fiestas del año en la lengua matalzingue de las Indias. » (2e partie seule.)
Au haut du second feuillet de garde, coté 63, on lit : « Este cartapacio de la lengua mataltzingue es del uso de Fray Antonio de Villanueva... »
Fol. 64. Table de l'ensemble du recueil de sermons, dont il n'y a ici que la seconde partie, débutant (fol. 69) : « Escomienza las 4 dominicas del Advento, la prima dominica de la venida de Christo... Erunt signa in sole et luna, et stellis. Luc. 21... »
Au début et à la fin (fol. 69 et 285), la mention : « Es de la libreria de S. Luca. P. Francisco Vergar. » — Ancienne cote : « V. 226. »

XVIIe siècle. Papier. Feuillets 62 à 285. 205 sur 150 mm. Reliure en parchemin blanc gaufré.

23

« Prières du matin en langue mikkemak. »
Fol. 8 « Prières du soir. » — De même main que le ms. 18.

XVIIIe siècle. Papier. 8 feuillets. 175 sur 122 mm. Cartonné. (Ancien Impr. X + 1613. B.)

24

« Idiome des Indiens Baures ou Bauros, du nord-est de la province de Mojos, Bolivia. »

Vocabulaire (fol. 3-16) et grammaires : Fol. 1. « Gramatica », avec à la fin la signature biffée de : « Francisco de Asis Coparcari ». — Fol. 57. « Arte de la lengua baure, escrito por el P. Antonio Magio, de la Compañia de Jesus..., año 1749. » — Publié par L. Adam et C. Leclerc (Paris, 1880, in-8°).

XIXᵉ siècle. Papier. 96 feuillets. 265 sur 195 mm. Demi-reliure. (Provient d'Alcide d'Orbigny.)

25

Idiomes des Indiens Araucanos et Pampas, ou Puelches.

Vocabulaires des « Indiens Araucanos, du pied des Indes » (fol. 2) ; — « du haut du Rio Negro » (fol. 7) ; — « des Pampas du sud de Buenos-Ayres » (fol. 19) ; — « Idiome des Indiens Pampas du sud, au Rio Negro » (fol. 29) ; — « Idiome des Indiens Pampas, ou Puelches » (fol. 40) ; — « Vocabulaire puelche et français » (fol. 50).

XIXᵉ siècle. Papier. 65 feuillets. 265 sur 205 mm. Demi-reliure. (Provient d'Alcide d'Orbigny.)

26

Idiomes des Indiens de la République Argentine.

Vocabulaires des « Indiens Abipones du Grand Chaco » (fol. 1) ; — « des Indiens Bocobis » (fol. 9) ; — « des Indiens du Grand Chaco, dits Matacos, Béjosos et Mathaguayos, pris d'un ancien manuscrit des Jésuites, à un couvent près Tarija » (fol. 22) ; — « des Indiens Tobas, au Grand Chaco » (fol. 31).

XIXᵉ siècle. Papier. 49 feuillets. 265 sur 205 mm. Demi-reliure. (Provient d'Alcide d'Orbigny.)

27

Idiomes des Indiens de Bolivie.

Vocabulaires « des Indiens Covareca » (fol. 1) ; — « des Indiens Caruminacas » (fol. 7) ; — « des Indiens Surabeca » (fol. 12) ; « de la mission de Sᵃ Ana, province de Chiquitos (Bolivia) ».

XIXᵉ siècle. Papier. 32 feuillets. 265 sur 205 mm. Demi-reliure. (Provient d'Alcide d'Orbigny.)

28

Idiomes des Indiens de Bolivie.

Vocabulaires « des Indiens Canichanas, du centre de la province de Mojos » (fol. 1) ; — « des Indiens Cayuvavas, du nord de la province de Mojos » (fol. 13) ; — « des Indiens dits Chacuras ou Quitémocas, des rives du Rio blanco, au S. E. de la province de Mojos » (fol. 28) ; — « des Indiens Movimas, au centre de la province de Mojos » (fol. 43) ; — « des Indiens Muchojeoné, au N. E. de la province de Mojos » (fol. 57) ; — « des Indiens Pacaguaras, beaucoup plus au nord que les confins de Mojos » (fol. 73) ; — « des Indiens Ité ou Iténes, du nord de

la province de Mojos » (fol. 88); — « des Indiens Itomamas, du nord
de la province de Mojos » (fol. 100).

XIXᵉ siècle. Papier. 112 feuillets. 265 sur 190 mm. Demi-reliure.
(Provient d'Alcide d'Orbigny.)

29

Idiomes des Indiens du Brésil.
Vocabulaires « des Indiens Botocudes [ou Buticudes] du Certon au
Brésil » (fol. 1 et 7).

XIXᵉ siècle. Papier. 16 feuillets. 262 sur 202 mm. Demi-reliure. (Provient d'Alcide d'Orbigny.)

30

Idiomes des Indiens Patagons.
Vocabulaires « des Indiens dits Tehuelches ou Patagons, du Rio
negro et plus au sud » (fol. 1 et 13). — « Vocabulaire téhuelche et
français » (fol 23 et 29).

XIXᵉ siècle. Papier. 45 feuillets. 265 sur 205 mm. Demi-reliure.
(Provient d'Alcide d'Orbigny.)

31

« Idiomes des Indiens ou naturels des provinces des Chiquitos et
Mojos. »
I. Vocabulaires « Mojos : Chapacura, Muchogeone, Baures, Ito-
nama, Cayubaba, Ité, Tapaguara, Movima, Canichana, Moja. »
II. Vocabulaires «Chiquitos : Chiquita, Guarañoca, Samuca, Otuqué,
Morotoca, Sarabeca, Poturera, Curuminaca, Covareca,. Quitemoca,
Cuciquia, Paunaca, Paiconeca» et Guaraya.

XIXᵉ siècle. Papier. 49 feuillets. 320 sur 220 mm. (Demi-reliure.
(Provient d'Alcide d'Orbigny.)

32

« Idée de grammaire Galibis, » suivie d'un vocabulaire.
Début : « La langue des Galibis a des verbes, des noms... »

XVIIIᵉ siècle. Papier. 17 feuillets. 350 sur 240 mm. Demi-reliure.

33

Mélanges philologiques.
Fol. 1. « Langue des Guaranis. Notes particulières. »
Fol. 8. « Confesionario de lengua itonama. »
Fol. 17. « Noms des animaux à Santa Cruz. »
Fol. 20. Vocabulaire, incomplet du début : « ... Boca, Juru... —
Zorro, Aguara... »
Fol. 36. « Nombres y terminos bejosos y mathaguayos en cas-
tellano. »
Fol. 56. « Primera [y segunda] parte del Diccionario de la lengua

yuracare. » — Fol. 80. « Principios de la lengua de los Indios Iura
carees. »

Fol. 90. Fragments de vocabulaires yuracares.

Fol. 111. Notes et extraits relatifs à la langue et aux dialectes chiliens (langue auca).

XIX⁰ siècle. Papier. 142 feuillets, montés in-folio. Demi-reliure.

34

Deux pages d'un livre de prières catholiques, en hiéroglyphes des
Indiens Micmac de Terre-Neuve.

XIX⁰ siècle. Papier. Un feuillet. 390 sur 150. mm. Demi-reliure. (Don
de François Lenormant, 1879.)

35

Homélies et instructions religieuses, en langue guarani.

Incomplet du début. — A la fin (fol. 118) : « Enumeratio oppidi
Sᵗⁱ Laurentii » et « Catalogo de la numeracion annua de San Lorenzo. »

XVII⁰ siècle. Papier. 118 feuillets. 208 sur 140 mm. Rel. veau brun.

36

« Sermones de Doctrina, en lengua chiapaneca, compuestos por el
R. P. Fr. Joan Nuñez, Dominico, recogidos en la familia del Sʳ D.
Esteban Nucamendi, gobernador que fué de Acalá de Chiapas. »

Début : « Para Santiago a Indios... »

Ex-libris de Brasseur de Bourbourg et Alph. Pinart, n⁰ 679 du catalogue de vente (1883).

XVII⁰ siècle. Papier. 81 feuillets. 212 sur 148 mm. Demi-reliure.

37

« Algunas cossas curiosas en lengua chiapaneca, sacadas de propo-
sito para doctrina de los Indios y para que los Padres que deprenden
esta lengua se aprovechen dellas por no aver en ella nada escrito. Los
Padres perdonen y resolvan el buen desseo que tubo quien lo travajo
por servirles y aprovechar las almas destos pobres. Fr. Joan Nuñez. »

Début : « Explicacion del mysterio del ssᵐᵒ Sacramento... 1633. »

Fol. 8. Chapitres 5 à 8 d'un traité sur les mystères du Rosaire de
S. Dominique. — Fol. 16. « Varios sermones de tempore en la misma
lengua. » — Au bas du fol. 23 v⁰, la signature : « Estevan Nucamendi,
fiscal maestro. »

Ex-libris de Brasseur de Bourbourg et Alph. Pinart, n⁰ 678 du catalogue de vente (1883).

XVII⁰ siècle. Papier. 54 feuillets (les fol. 1-7 étaient autrefois numé-
rotés 21-27). 210 sur 148 mm. Demi-reliure.

38

« Arte de la lengua chiapaneca, compuesto por el Padre Fray Juan
de Albornoz, de la Orden de Predicadores, de la provincia de San
Vicente de Chiapas y Guatemala. 1691. »

Publié par Alph. Pinart (1875, in-8°). — Ex-libris de Brasseur de
Bourbourg et Alph. Pinart, n° 11 du catalogue de vente (1883).

XVIIe siècle. Papier. 22 feuillets. 210 sur 150 mm. Demi-reliure.

39

« Doctrina en lengua chiapaneca, escrita por el Padre M^{tro} Fray
Luis Barrientos, de la Orden de Predicadores. 1690. »

A la fin on lit la date de 1690 et la mention : « Confizionario de la
lengua chapaneca..., facta pluma mui gran de Fray Luis Barrientos. »
— Publié par Alph. Pinart (1875, in-8°). — Ex-libris de Brasseur de
Bourbourg et Alph. Pinart, n° 76 du catalogue de vente (1883).

XVIIe siècle. Papier. 8 feuillets. 210 sur 150 mm. Demi-reliure.

40

« Arte de la lengua cakchiquel, compuesto por el P. Fray Angel, de
la Orden de nuestro Padre San Francisco. »

Début : « Siendo como es esencial, necessaria... »

Ex-libris de Brasseur de Bourbourg et Alph. Pinart, n° 23 du catalogue de vente (1883).

XVIIe siècle. Papier. 94 feuillets. 205 sur 145 mm. Demi-reliure.

41

« Bocabulario de la lengua cakchiquel, compuesto por el Padre
Fray Angel, de la Orden de nuestro Padre san Francisco. »

Début : « A, pronombre posesivo... A, dicho quando inter... »

A la fin, fol. 225 v°, la note suivante : « El P. Fr. Angel suplica à los
que lean este vocabulario borren aquellas palabras que pueden causar
ruina espiritual y el uso las imprime en la memoria. »

Ex-libris de Brasseur de Bourbourg et Alph. Pinart, n° 24 du catalogue de vente (1883).

XVIIIe siècle. Papier. 225 feuillets. 205 sur 145 mm. Demi-reliure.

42

« Theologia Indorum, » par le P. Domingo de Vigo.

Fol. 179-180. Deux feuillets, en cakchiquel, d'une main différente,
avec la signature : « Francisco Gonzalez ».

Sur le premier feuillet de garde, la mention : « De la libreria del
convento de N. P. San Francisco de Guatemala. » — Ex-libris de

Brasseur de Bourbourg et Alph. Pinart, n° 574 du catalogue de vente
(1883).

XVIIe siècle. Papier. 180 feuillets. 208 sur 135 mm. Demi-reliure.

43

Noticia brebe de los vocablos mas usuales de la lengua cacchiquel.
Début : « En saliendo so bien el arte... » — Incomplet de la fin, se
termine au mot « Raxkule ».
Ex-libris de Brasseur de Bourbourg et Alph. Pinart, n° 675 du catalogue de vente (1883).

XVIIe siècle. Papier. 92 pages. 150 sur 102 mm. Reliure en parchemin.

44

« Vocabulario en la lengua cakchichel y castellana, por Fr. Thomas
de S^{to} Domingo, 1693. »
Début : « A,... Abac,... Ab,... Abah,... Abahar... »
Ex-libris de Brasseur de Bourbourg et Alph Pinart, n° 820 du catalogue de vente (1883).

XVII° siècle. Papier. CXXXIX feuillets. 208 sur 150 mm. Reliure anc.
veau gaufré.

45

« Sermones en lengua cakchiquel, escritos por varios Padres de la
Orden de san Francisco, y recogidos por el M. R. M. Padre Fr. Bal-
tasar de Alarcon, procurador general de la misma Orden, » en la prov.
del Dulce Nombre de Jesu de Guatemala.
23 sermons, dont la table est en tête du volume : « S. Antonino de
Pauda (*sic*), S. Nicolas de Tolentino, » etc.
A la fin, billet de « Fr. Marcos del Rosario » au R. P. « Prior
general ».
Ex-libris de Brasseur de Bourbourg et Alph. Pinart, n° 839 du catalogue
de vente (1883).

XVIIe siècle. Papier. 168 feuillets. 210 sur 155 mm. Reliure en parchemin.

46

« Vocabulario de la lengua cakchiquel, con advertencia de los vocablos de las lenguas quiché y tzutohil, se trasladó de la obra compuesta
por el il^{mo} Padre el venerable Fr. Domingo de Vico. »
Début : « A pronombre ilativo ó posesivo, por tuyo... »
Ex-libris de Brasseur de Bourbourg et Alph. Pinart, n° 932 du
catalogue de vente (1883).

XVIIe siècle. Papier. 286 feuillets. 198 sur 140 mm. Reliure basane
racinée.

47

« Vocabulario de la lengua cakchiquel y española, con un arte de la misma léngua, 18,3. »

Début : « A,... Abah,... Abak,... Aca...»

En haut du premier feuillet, la mention : « El curato de Rabinal. »

Ex-libris Brasseur de Bourbourg et Alph. Pinart, n° 940 du catalogue de vente (1883).

XIXe siècle. Papier. 122 feuillets. 210 sur 150 mm. Demi-reliure.

48

« Preguntas para administrar el santo sacramento del Matrimonio en mam, conformes al Manual que usamos », « siguen las varias partes de la Doctrina cristiana en mam y en castellano, etc. ; lo todo hallado entre los papeles que quedaron del defunto Sr. presbitero Don Manuel Fuentes, cura propio que fué de la parroquia de San Miguel Ixtlahuacan. »

Ex-libris de Brasseur de Bourbourg et Alph. Pinart, n° 382 du catalogue de vente (1883).

XVIIIe siècle. Papier. 10 feuillets. 215 sur 152 mm. Demi-reliure.

49

« Oraciones para el sancto sacrificio de la Misa, » en lengua nahuatl.

Sur le feuillet de garde, cet autre titre : « Devocionario para oir Misa, dedicado a los Indios por el lic. Faustino Chimalpopocatl Galicia. »

Ex-libris de Brasseur de Bourbourg et Alph. Pinart, n° 228 du catalogue de vente (1883).

XIXe siècle. Papier. 33 pages. 110 sur 75 mm. Reliure en basane.

50

« Bocabulario de nombres, que comiençan en romance, en la lengua pokoman de Amatitan », « ordenado y compuesto por el Padre Fray Pedro Moran, en este convento de N. P. Santo Domingo de Goathemala, 1720. »

Début : « Adviertote dos cosas, la una que los nombres... »

Ex-libris de Brasseur de Bourbourg et Alph. Pinart, n° 642 du catalogue de vente (1883).

XVIIIe siècle. Papier. 91 feuillets. 295 sur 205 mm. Demi-reliure.

51

« Vidas de santos, en forma de homelias, en lengua pokoman de Amatitan, ordenadas por el Padre Fray Pedro Moran, en este convento de N. P. Santo Domingo de Goathemala. »

SS. André, Barbe, Nicolas, Léocadie, Lucie, Dominique de Silos, Thomas, Anastasie, Étienne, Jean évangéliste, Thomas de Cantorbéry,

Silvestre, Paul hermite, Macaire, Antoine, Fabien, Sébastien, Agnès, Vincent, Alphonse de Tolède et Conversion de S. Paul.

Ex-libris de Brasseur de Bourbourg et Alph. Pinart, n° 643 du catalogue de vente (1883).

XVIIIe siècle. Papier. 87 feuillets. 295 sur 205 mm. Demi-reliure.

52

« Platica de los principales misterios de la religion, en poconchi, con unos Actos de fe, esperanca y caridad. »

Ex-libris de Brasseur de Bourbourg et Alph. Pinart, n° 738 du catalogue de vente (1883).

XIXe siècle. Papier. 17 feuillets. 178 sur 110 mm. Demi-reliure.

53

« Arte breve y compendiosa de la lengua pocomchi, de la provincia de la Verapaz, compuesto por el venerable Padre Fray Dionysio de Çuñiga, para los principientes que comiençan á aprender, y traducido en la lengua pocoman de Amatitan, por el Padre Fray Pedro Moran, quien lo empeço á escribir en este convento de N. Padre Santo Domingo de Goathemala, oy juebes diez del mes de abril de este año de mill cetessientos y veynte. »

Au-dessous du titre, la mention : « Pertence à Don Carlos Meany, Guatemala, 1840. »

Début : « Cap. 1. Del Pronom... Ego, yn, mei, vichin... »

Ex-libris de Brasseur de Bourbourg et Alph. Pinart, n° 641 du catalogue de vente (1883).

XVIIIe siècle. Papier. 9 feuillets. 295 sur 205 mm. Demi-reliure.

54

« Arte de la lengua cacchi de Coban, en la Verapaz, compuesto por el Illmo Sr Don Fray Thomas de Cárdenas, de la Orden de Predicadores, quarto obispo de Coban. »

Incomplet du début.

Ex-libris de Brasseur de Bourbourg et Alph. Pinart, n° 198 du catalogue de vente (1883).

XVIIe siècle. Papier. 75 feuillets. 212 sur 150 mm. Demi-reliure.

55

« Doctrina cristiana, en lengua quecchi, escrita por padron del pueblo de San Agustin Lanquin, en la Vera Paz, por Eugenio Pop, alcalde que fué en el año de 1795. »

Ex-libris de Brasseur de Bourbourg et Alph. Pinart, n° 745 du catalogue de vente (1883).

XVIIIe siècle. Papier. 17 feuillets. 210 sur 150 mm. Demi-reliure.

56

« Algunos sermones en lengua quiché de Rabinal. »

Début : « Sermon del mandato y lavatorio... »

Les feuillets 38-48 ont fait partie d'un autre manuscrit et étaient anciennement cotés 234-244. — Cf. ms. 60.

Ex-libris de Brasseur de Bourbourg et Alph. Pinart, nᵒ 17 du catalogue de vente (1883).

XVIIIᵉ siècle. Papier. 47 feuillets. 215 sur 150 mm. Demi-reliure.

57

Histoire universelle, jusqu'à la conquête, en quiché, avec traduction en espagnol.

Début : « Capitulo primero. De Dios. Este el principio de las antiguas historias... »

Fol. 79. « Arte de las tres lenguas kakchiquel, quiche y tzutuhil. » Début : « Prologo. Aun que entiendo que non dexara. . »

Ex-libris de Brasseur de Bourbourg [et Alph. Pinart], nᵒ 50 du catalogue de vente (1883).

XIXᵒ siècle. Papier. 103 feuillets. 302 sur 192 mm. Cartonné.

58

« Arte de la lengua quiche, yllustrado con algunas notas que estan puestas al fin, para su perfecta inteligencia, hechas por un aficionado a este ydioma. Año de mil setecientos noventa y tres. »

Début : « Capitulo Iᵉ. De la buena pronunciacion. Ante todas cosas digo... »

Page 201. Recueil de lettres particulières, en espagnol, adressées à Don Juan Mariano Rosales, curé de San Cristobal (1792-1793).

Ex-libris de Brasseur de Bourbourg et Alph. Pinart, nᵒ 51 du catalogue de vente (1883).

XVIIIᵒ siècle. Papier. 235 pages. 205 sur 140 mm. Reliure veau raciné.

59

« Vocabulario qüiche, » par Basseta.

Partie espagnol-quiché : « A ante A. A prima llamar si es hom... »

Au bas du fol. 239, la mention : « Libro de Sebastian Ramos fiscal. »

Ex-libris de Brasseur de Bourbourg et Alph. Pinart, nᵒ 82 du catalogue de vente (1883).

XVIIIᵒ siècle. Papier. 248 feuillets. 210 sur 150 mm. Rel. peau brune gaufrée.

60

« Doctrina christiana, en la lengua utlateca, alias quiche, del uso de Fr. Jossef Ant. Sanchez Viscayno. Año de 1790. »

Texte quiché-espagnol.

Fol. 4. Pensées pieuses et apophtegmes, quiché-espagnol : « Halle yo uno, y te lo doy... »

Fol. 8. « Rosario. Gaudeamus omnes in Domino, diem festum celebrantes sub honore B. M[ariæ]. Ex officio Missæ ; de N. P. Gonzales. »

Fol. 11 et 12. Deux feuillets cotés 245 et 246 de la seconde partie du manuscrit 56.

Ex-libris d'Alphonse Pinart, n° 312 du catalogue de vente (1883).

XVIII° siècle. Papier. 12 feuillets. 215 sur 150 mm. Demi-reliure.

61

« Apuntamiento del idioma kiché. — Junio 10 1854. »

Original du vocabulaire rapporté par le D\u1d63 Karl Scherzer et publié dans les *Sitzungsberichte der phil. hist. Klasse* de l'Académie de Vienne, 1855, t. XV, p. 28-37.

Au bas du titre, la mention : « Es del Padre presb. Vicente Hernandez Spina, cura de Santa Catarina Iztlahuacan. »

Ex-libris de Brasseur de Bourbourg et Alph. Pinart, n° 451 du catalogue de vente (1883).

XIX° siècle. Papier. 16 feuillets. 330 sur 210 mm. Demi-reliure.

62

« Arte de la lengua utlateca ó kiché, vulgarmente llamado el Arte de Totonicapan ; compuesto por el R\u1d48\u1d52 Padre Fray Marcos Martinez, de la Orden de Predicadores. »

Début : « Este ydeoma solo tiene estas letras... »

Ex-libris de Brasseur de Bourbourg et Alph. Pinart, n° 592 du catalogue de vente (1883).

XVII° siècle. Papier. 66 feuillets. 205 sur 150 mm. Rel. parchemin.

63

« Arte de la lengua qiché [o] utlatecat, seguido del modo de bien vivir, en la misma lengua ; lo todo sacado de los escritos del ven. Padre Fr. Domingo de Vico. »

Début : « En esta lengua los nombres y verbos... »

Fol. 20. « Modo de ayudar a bien morir, sacado de la vida de la V. M. Geronima de la Assumpcion, de el Orden de N. M. S\u1d57\u1d43 Clara, su autor Frai Bartolome Letona, lib. 2°, fol. 256. »

Ex-libris de Brasseur de Bourbourg et Alph. Pinart, n° 929 du catalogue de vente (1883).

XVIII° siècle. Papier. 35 feuillets. 210 sur 148 mm. Demi-reliure.

64

« Vocabulario de la lengua castellana y quiché. »

Début : « Alarde, hazer. Alargar, tiempo... » — Incomplet de la fin :
«... Sellada cosa... »

Ex-libris de Brasseur de Bourbourg et Alph. Pinart, n° 941 du catalogue de vente (1883).

XVIII° siècle. Papier. 100 feuillets. 200 sur 135 mm. Demi-reliure.

65

« Vocabulario de las lenguas qiche y kakchiquel. »
Début : « A, pronom. ilativo ó posesivo por tuyo... » (Lettres
A, B, C, K, T.)
Ex-libris d'Alphonse Pinart, n° 943 du catalogue de vente (1883).

XIX° siècle. Papier. 151 pages. 295 sur 192 mm. Demi-reliure.

66

« Arte de la lengua zoque, » ou tzoque, une de celles de l'état de
Chiapas.
Début : « De el nombre substantivo. El nombre substantivo et inde-
clinable... »
Ex-libris de Brasseur de Bourbourg et Alph. Pinart, n° 52 du cata-
logue de vente (1883).

XVIII° siècle. Papier. 16 feuillets. 210 sur 148 mm. Demi-reliure.

67

« Arte breve en lengua tzoque, conforme se habla en el pueblo de
Tecpatlan,... 12 de junio de 1672 años, y per verdad lo firme Fr. Luis
Gonzales. »
I. Pages 1-40. « Arte de lengua tzoque... Año de 1732. »
II. Pages 1-293. « Bocabulario. Ablandarse, Po non apa. Ablandar,
Yapo non apa... »
Page 284, on lit : « Lo trasladó de otro vocabulario... Fray Domingo
Gutierrez. »
Ex-libris de Brasseur de Bourbourg et Alph. Pinart, n° 413 du cata-
logue de vente (1883).

XVIII° siècle. Papier. 41 et 293 pages. 215 sur 150 mm. Reliure veau
brun gaufré.

68

« Doctrina christiana, en lengua tzoque, » « seguida de un confessionario y del modo de dar el viatico á los enfermos, en la misma
lengua; obra del R^do Padre Maestro Fray Juan Pozarenco... Acabose
en veinteydos de agosto de este año de mil seiscientos y noventa y seis. »
A la fin, le nom de « Fr. Luis Molina ».
Ex-libris de Brasseur de Bourbourg et Alph. Pinart, n° 752 du catalogue de vente (1883).

XVII° siècle. Papier. 31 feuillets. 212 sur 145 mm. Demi-reliure.

69

« Sermones en lengua achi ó tzutuhil, compuestos para el uso de los Padres de la Orden de Santo Domingo de Guatemala, á principios del siglo XVII, conforme al stilo del ven. P. F. Domingo de Vico. »

Début : « Sermo Conceptionis beatae Mariae virginis. Liber generationis Jesu-Christi. Math. I c... ». — 33 sermons.

Ex-libris de Brasseur de Bourbourg et Alph. Pinart, nº 838 du catalogue de vente (1883).

XVIIᵉ siècle. Papier. Feuillets 30 à 203. 218 sur 150 mm. Demi-reliure.

70

« Parabolas y exemplos sacados de la naturaleza y de los costumbres del Campo, aplicados a la moral cristiana, obra escrita en lengua zapoteca para el consuelo é instruccion de los naturales de la misma lengua, por el R. P. M. Fray Pedro de la Cueba, de la Orden de Predicadores. »

Fol. 124. « Tabla de los exemplos que ay en este libro. I. De lo que causa el aguaçero llovido sobre la tiera... »

Ex-libris de Brasseur de Bourbourg et Alph. Pinart, nº 526 du catalogue de vente (1883).

XVIIᵉ siècle. Papier. 136 feuillets. 170 sur 110 mm. Reliure parchemin.

71

« Doctrina christiana abreviada en lengua zotzlem, » ou tzotzil, ou langue cinacanteca de Chiapas.

Ex-libris de Brasseur de Bourbourg et Alph. Pinart, nº 311 du catalogue de vente (1883).

XIXᵉ siècle. Papier. 11 feuillets. 205 sur 142 mm. Demi-reliure.

72

« Dictionnaire du jargon tchinouk. — 1849. »
A la fin, on lit : « Le nom de mon interprète est Paul Adhemet. »

XIXᵉ siècle. Papier. 53 feuillets. 138 sur 90 mm. Demi-reliure. (Don de Cam. Henn, principal du collège de Château-Salins, 1864.)

73

« Prières en langue koilythlen, » ou « kouitchin (Ile de Vancouver). »
Fol. 7. « Pater, en langue sanghes. »

XIXᵉ siècle. Papier. 15 feuillets. 268 sur 130 mm. Demi-reliure. (Provient d'Alph. Pinart, 1885.)

74

« Bocabulario de la lengua de los Chiquitos, »

Début : « Litera A. A de el que de sea. Aricee... »
En tête du fol. 1, on lit : « Del pueblo de la Concepcion... »

XVIIᵉ siècle. Papier. 576 feuillets. 210 sur 150 mm. Demi-reliure.

75

« Documentos para las lenguas de Mexico, compuesto por S. Leon Reinisch. » — Copies d'imprimés.

I. « Cartella y Doctrina christiana, breve y compendiosa, para enseñar los niños,... traducida... en lengua chuchona del pueblo de Tepexic de la Seda, por Padre... Fray Bartholome Roldan, de la Orden de... S. Domingo... Mexico, 1580. »

II. « Arte en lengua mixteca, compuesta por el Padre Fray Antonio de los Reyes, de la Orden de Predicadores, vicario de Tepuzculula. Mexico, 1593. »

Ex-libris du comte de Charencey.

XIXᵉ siècle. Papier, 2 tomes en un volume : IV-70 pages et XIII-68 feuillets. 202 sur 130 mm. Demi-reliure. (Don du comte de Charencey.)

76

« Arte, vocabulario, confessionario y modo de administrar el santissimo sacramento de la Eucharistia, y el de la Extrema Oncion, y Doctrina christiana,... y noticia desta lengua, aquien vulgarmente llaman mame,... laqual segun su antigualla se llama zatzohpatzap ; compuesta por el Padre predicador Fray Diego de Reynosso. Mexico, 1644. »

Page 145. « Vocabulario. A vel Ab, preposicion. A denotando daño o provecho... »

Copies faites à Mexico, en juin 1867, par S. L. Reinisch. — Ex-libris du comte de Charencey.

XIXᵉ siècle. Papier. 304 pages. 220 sur 180 mm. Demi-reliure. (Don du comte de Charencey.)

77

« Titulo de los señores de Totonicapan, escrito en lengua quiche, el año de 1554, y traducido al la castillana el año de 1834, por el Padre Dionisio José Chonay, indigena, cura de Sacapulas ; el original quiche se conserva en el archivo municipal de Totonicapan (Guatemala). »

Copie complétée par Brasseur de Bourbourg. — Ex-libris de Brasseur de Bourbourg et Alph. Pinart, n° 231 du catalogue de vente (1883).

XIXᵉ siècle. Papier. 33 pages. 310 sur 210 mm. Demi-reliure. (Don du comte de Charencey.)

Les manuscrits de la collection Angrand (conservée en son entier au département des Imprimés) sont au nombre de 30, décrits aux pages 69-70 de l'Inventaire publié en 1887 ; pour compléter la série des manuscrits du fonds américain, on y peut relever les titres des trois volumes suivants :

[Mss. Angrand, 8.] « Libro de sermones predicables sobre los misterios que en la quaresma se çelebran desde la Septuagessima hasta el tercer dia de Pascua..., compuesto en lengua cakchiquel, por el Padre fray Antonio del Sal, de la Orden del serafico Padre S. Francisco, de la provincia... de Guatemala, predicador... del convento de S. Francisco Panahachel,... dirigido al Padre fray Diego del Sal... Anno de 1643. »

Plus bas on lit : « Del uso de Fray Joseph de Guzman. »

XVII° siècle. Papier. 248 feuillets. 200 sur 138 mm. Rel. parchemin.

[Mss. Angrand, 9.] « Vocabulario en lengua kiche y castellana. »
Début : « A alguna parte has de ir. xcatbec alaui... Ambas partes... » — Incomplet de la fin de la lettre M : «... Mentira... Mentismucho... »

XVII° siècle. Papier. 139 feuillets. 212 sur 148 mm. Cartonné.

[Mss. Angrand, 10.] « Vocabulario de la lengua general de los indigenas de la provincia de Quito. — 1834. »
Incomplet du début.

XIX° siècle. Papier. 12 feuillets. 158 sur 110 mm. Cartonné.

CONCORDANCE DES NUMÉROS DU CATALOGUE PINART ET DU PRÉSENT CATALOGUE

Pinart.	Américain.	Pinart.	Américain.
11	38	592	62
17	56	613	*Mex.* 397 et 398
23	40	641	53
24	41	642	50
50	57	643	51
51	58	675	43
52	66	678	37
76	39	679	36
82	59	738	52
198	54	745	55
228	49	752	68
231	77	820	44
311	71	838	69
312	60	839	45
382	48	929	63
413	67	932	46
451	61	940	47
526	70	941	64
574	42	943	65

INDEX ALPHABÉTIQUE

ORBIGNY (Alcide Dessalines D'). Vocabulaires des Indiens du Chili, de la République Argentine, de la Bolivie, du Brésil, de la Patagonie, 24-31.

PEDRO de la Cueba (R. P.). Parabolas, en lengua zapoteca, 70.

POP (Eugenio). Doctrina christiana en lengua quecchi, 55.

POZARENCO (R. P. Juan). Confessionario en lengua tzoque, 68.

Prières en langue koilythlen ou kouétchin (Vancouver), 73; — en langue mikemak, 23, 34.

Religion. Principales misterios de la religion, en poconchi, 52. — Pensées pieuses, en quiché, 60.

REYNOSSO (R. P. Diego DE). Arte, vocabulario... y Doctrina christiana, en lengua mame, ó zatzohpatzap, 76.

ROLDAN (R. P. Bartholomé). Cartella y Doctrina christiana, en lengua chuchona, 75.

ROSALES (Don Juan Mariano). Lettres à lui adressées, 58.

Saints : Sancturale hiemale, en cakchiquel, 6. — Santoral, en quiché, 11. — Vidas de santos, en pokoman, 51.

SAL (R. P. Antonio DEL). Sermons, en cakchiquel, Angrand, 8.

Sermons : Sermones en lengua cakchiquel, 45 et Angrand, 8; — en lengua chiapaneca, 36, 37; — Homélies en guarani, 35 : — Sermones sobre los Evangelios y fiestas en lengua matalzingue, 22; — Sermones en lengua quiché, 13, 56; — Sermones en lengua achi ó tzutuhil, 69.

Theologia Indorum, en quiché, 3, 4, 5, 10, 42.

THOMAS de Cárdenas (R. P.). Arte de la lengua cacchi, 54.

THOMAS de Ste Domingo (R. P.). Vocabulario de la lengua cakchicel, 44.

URBANO (R. P. Alonso). Arte breve de la lengua otomi, 8.

Vocabulaires des Indiens Abipones, 26; — Algonquin, 16; — Araucanos, 25; — Bajosos, 26; — Bauros, 24, 31; — Bejosos, 26, 33; — Bocobis, 26; — Botocudes, 29; — Cakchiquel, 7, 14, 41, 43, 44, 46, 47, 65.; — Canichanas, 28, 31; — Caruminacas, 27, 31; — Cayuvavas, 28, 31; — Grand Chaco, 26; — Chacuras, 28, 31; — Chiliens, 33; — Chiquitos, 20, 21, 27, 31, 74; — Covareca, 27, 31; — Cuciquia, 31; — Galibis, 32; — Guaranis, 33; — Guarañoca, 31; — Iroquois, 17; — Ité ou Itenes, 28, 31; — Itomamas, 28, 31; — Juracara, 33; — Mame, 76; — Matacos, 26; — Mathaguayos, 26, 33; — Mojos, 28, 31; — Morotoca, 31; — Movimas, 28, 31; — Muchojeoné, 28, 31; — Otomi, 8; — Otuqué, 31; — Pacaguaras, 28; — Paiconeca, 31; — Pampas, 25; — Patagons, 30; — Paunaca, 31; — Pokoman, 50, 53; — Poturera, 31; — Puelches, 25; — Quiché, 10-14, 59, 64, 65, Angrand 9; — Quitemocas, 28, 31; — Quito, Angrand 10; — Samuca, 31; — Sarabeca, 27, 31; — Tapaguara, 31; — Tchinouk, 72; — Tehuelche, 30; — Tobas, 26; — Tzoque, 67; — Yuracare, 33. — Voir *Grammaires.*

ZÚÑIGA (R. P. Dionysio DE). Arte de la lengua pocomchi, 53.

Imprimerie de J. DUMOULIN, à Paris.